AF391050

CATALOGUE

D'OBJETS D'ART & CURIOSITÉS

FAÏENCES ITALIENNES

PARMI LESQUELLES ON REMARQUE

Huit grands Vases de grande dimension et une Table décorée de Figures et Animaux chimériques; Bronzes italiens, Statuettes, Bustes et Bas-reliefs, Vases étrusques, Terres cuites, Ivoires et Bois sculptés, Manuscrits, Médailles et Monnaies anciennes, Miniatures;

CABINETS ITALIENS EN ÉBÈNE INCRUSTÉS D'IVOIRE

TABLEAUX ANCIENS

DE L'ÉCOLE ITALIENNE

GRAVURES ANCIENNES & MODERNES

NOMBRE DE PIÈCES GRAVÉES PAR MORGHEN

DESSINS ANCIENS

Le tout composant la Collection de M. SCHÉDONI, de Modène,

DONT LA VENTE AUX ENCHÈRES PUBLIQUES AURA LIEU

HOTEL DROUOT, SALLE N° 9

Les Mercredi 20 et Jeudi 21 Mars 1867

A UNE HEURE

Par le ministère de Mᵉ **COUTURIER**, Commissaire-Priseur,
rue Drouot, 21,

Assisté de M. **DHIOS**, Expert, rue Le Peletier, 33,

Chez lesquels se distribue le présent Catalogue.

EXPOSITION PUBLIQUE

Le MARDI 19 Mars 1867, de une heure à cinq heures.

PARIS — 1867

EXEMPLAIRE DE DHIOS

CATALOGUE

D'OBJETS D'ART & CURIOSITÉS

FAÏENCES ITALIENNES

PARMI LESQUELLES ON REMARQUE

Huit grands Vases de grande dimension et une Table décorée de Figures et Animaux chimériques; Bronzes italiens, Statuettes, Bustes et Bas-reliefs, Vases étrusques, Terres cuites, Ivoires et Bois sculptés, Manuscrits, Médailles et Monnaies anciennes, Miniatures;

CABINETS ITALIENS EN ÉBÈNE INCRUSTÉS D'IVOIRE

TABLEAUX ANCIENS

DE L'ÉCOLE ITALIENNE

GRAVURES ANCIENNES & MODERNES

NOMBRE DE PIÈCES GRAVÉES PAR **MORGHEN**

DESSINS ANCIENS

Le tout composant la Collection de M. SCHÉDONI, de Modène,

DONT LA VENTE AUX ENCHÈRES PUBLIQUES AURA LIEU

HOTEL DROUOT, SALLE N° 9

Les Mercredi 20 et Jeudi 21 Mars 1867

A UNE HEURE

Par le ministère de Me **COUTURIER**, Commissaire-Priseur,
rue Drouot, 21,
Assisté de M. **DHIOS**, Expert, rue Le Peletier, 33,
Chez lesquels se distribue le présent Catalogue.

EXPOSITION PUBLIQUE

Le MARDI 19 Mars 1867, de une heure à cinq heures.

PARIS — 1867

CONDITIONS DE LA VENTE

Elle sera faite au comptant.

Les Acquéreurs paieront CINQ POUR CENT en sus du prix d'adjudication.

L'Exposition mettant les Acquéreurs à même de se rendre compte de l'état des Objets, il ne sera reçu aucune réclamation une fois l'adjudication prononcée.

DÉSIGNATION

DES

TABLEAUX

14 — ECOLE DE SALVATOR. Attaque de brigands et Scène de pirates. (Deux pendants.)

15 — SCKALKEN (Genre de). Vieille et Enfant; effet de lumière.

16 — ECOLE ALLEMANDE. Saint Jérôme.

17 — ECOLE FRANÇAISE. Tarquin et Lucrèce. (Belle esquisse.)

18 — Portrait de Louis XIV en buste.

19 — Portrait ovale d'une princesse de la maison d'Este. Cadre en bois sculpté d'un travail très-fin.

20 — Quatre Panneaux gothiques : la Vierge et Jésus et Saints.

21 — Tête de vieille femme.

22 — Deux Portraits de jeunes femmes en buste.

23 — Deux Portraits : Homme et vieille Femme.

24 — Tête d'Ange.

25 — Saint Jean.

26 — Saint Georges.

27 — Jeux d'enfants.

28 — Adoration des Rois-Mages.

29 — Deux Saints.

29 bis — Deux Saintes en pied.

30 — Nature morte.

31 — Deux Trompe-l'œil.

32 — Scène villageoise.

33 — La Vierge et l'Enfant Jésus. (Ovale.)

34 — Religieux en prière. (Forme ronde.)

35 — Jeune Femme tenant un livre. (Forme ronde.)

36 — Episodes de la Passion.

37 — Saint Jean au milieu d'un paysage.

38 — La Vierge et Jésus entourés d'un saint et d'une sainte.

39 — Personnage de la Comédie italienne.

40 — Deux Evêques.

41 — Apparition de saint François.

42 — Le Christ en croix.

43 — Chevalier de l'Ordre teutonique. (Octogone.)

44 — Religieux en lecture.

45 — Moines au milieu d'un paysage.

46 — Portrait d'un Cardinal.

47 — Portrait, costume Louis XIII.

48 — Portrait de l'Evêque Tadeo Santi.

49 — Personnage pesant de l'or. Grand portrait avec cadre sculpté.

50 — Portraits de Philippe V et de sa femme Elisabeth Farnèse. Grands portraits grandeur naturelle magnifiquement encadrés.

51 — Nymphe et deux Enfants.

52 — Trois figures de Saints sur fond d'or.

53 — Petit portrait d'homme du xviᵉ siècle.

75 — ÉCOLE FLORENTINE. Quatre Panneaux représentant des Prophètes.

76 — L'Annonciation.

77 — ÉCOLE DE PARME. La Vierge et l'Enfant Jésus.

78 — ÉCOLE ROMAINE. La Vierge et l'Enfant Jésus.

79 — GOTHIQUE ITALIEN. Vierge et saints, sur fond d'or.

80 — ÉCOLE VÉNITIENNE. Scènes de comédies. (Deux pendants.)

81 — GOTHIQUE ITALIEN. La Vierge et l'Enfant.

82 — Quarante bons Tableaux de l'École italienne seront divisés sous ce numéro.

83 — ÉCOLE RUSSE. La Vierge et l'Enfant.

84 — Sainte au confessionnal.

85 — Vierge et Jésus.

86 — Soixante-neuf petites Peintures sur cuivre, pour la plus grande partie représentant des portraits de personnages du xvie au xviiie siècle seront divisées sous ce numéro.

87 — Environ trente Miniatures, Gouaches sur vélin, sur ivoire, etc., représentant des portraits de femmes, personnages du xvie au xviiie siècle. Sujets religieux et variés.

88

Gravures modernes.

88 — Environ cent Pièces gravées par Raphaël Morghen et autres graveurs modernes.

88 Bis

Gravures anciennes.

88 *bis* — Environ deux cents pièces par divers graveurs.

89

Gravures anciennes et modernes.

89 — Nombre de pièces par Morghen.

COLLECTION D'OBJETS D'ART

ET DE

FAÏENCES ITALIENNES

90 — Huit grands et beaux Vases de forme élégante; grands Plats, Cruches, Groupes, Bas-reliefs, etc., etc.

91 — Joli Cabinet italien en ébène, à porte culbutante, sur laquelle sont représentés les portraits à cheval de Constantin et Charlemagne. A l'intérieur, David et Goliath, et arabesques sur les tiroirs.

92 — Très-joli petit Cabinet en ébène, entièrement couvert d'incrustations d'ivoire, d'ornements et figures chimériques. Sur la porte centrale, est représenté saint Michel.

93 — Meuble Cabinet, renfermant une collection de coquillages.

94 — Petit Cabinet ébène, avec incrustations d'ivoire, à deux portes.

95 — Cabinet italien en marqueterie de bois.

96 — Coffret en bois dur, orné d'incrustations d'ivoire et arabesques. Les tiroirs sont à ornement en relief, où sont représentés des Hurons, etc.

97 — Petit Coffret vénitien.

98 — Autre Coffret vénitien.

99 — Coffret écaille.

100 — Coffret en fer gravé.

101 — Grande Pendule de forme monumentale, à colonnes en marbre, plaques en mosaïque et bronze.

102 — Grand Bas-relief en cuivre repoussé, représentant la Descente de Croix.

Signé : Gaspar Lano y Friens. ft. Beau travail.

103 — Miroir de forme monumentale en pierre dure de Florence.

BRONZES ITALIENS

104 — Dix Pièces émaux de Saxe, de Limoges et de Venise : Plaques, Boîtes et Tasses.

105 — Bois sculptés, Statues, Bas-reliefs, Buste, Dip-tyques et divers Objets.

106 — Vingt-cinq Pièces en ivoire sculpté : Sta-tuettes et Bas-reliefs de différentes époques.

107 — Plusieurs Bustes et Statuettes en marbre.

108 — Six Vitraux anciens : Sujets religieux et Portraits.

109 — Quelques Armes anciennes.

110 — Manuscrits du xvi° siècle.

111 — Cabaret en porcelaine de Chine, décors à figures : 12 Tasses et 5 grandes Pièces.

112 — Plusieurs pièces : Vases, Bols et Assiettes en Chine et Japon.

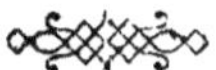

RENOU et MAULDE, imprimeurs de la Compagnie des Commissaires-Priseurs, rue de Rivoli, 144.   2065